Pilares humanos

Pilares humanos
Principios, valores y virtudes

Germán de J. Hermoso H.

www.librosenred.com

Dirección General: Marcelo Perazolo
Diseño de cubierta: Stefanie Sancassano
Diagramación de interiores: Vanesa L. Rivera

Está prohibida la reproducción total o parcial de este libro, su tratamiento informático, la transmisión de cualquier forma o de cualquier medio, ya sea electrónico, mecánico, por fotocopia, registro u otros métodos, sin el permiso previo escrito de los titulares del Copyright.

Primera edición en español - Impresión bajo demanda

© LibrosEnRed, 2013
Una marca registrada de Amertown International S.A.

ISBN: 978-1-59754-949-3

Para encargar más copias de este libro o conocer otros libros de esta colección visite www.librosenred.com

A mis padres

Dedico esta obra como expresión de agradecimiento a mis padres fallecidos, Marco Antonio y María Dolores, quienes con su amor y comprensión, sus buenos ejemplos y enseñanzas, me formaron y educaron, brindándome las herramientas y oportunidades necesarias para enfrentar la vida.

Gracias...

Prefacio

Desde hace algún tiempo que había pensado escribir sobre este tema considerando que actualmente las personas de manera singular y plural anhelan riqueza, poder, éxito y felicidad.

No estando conforme con lo anterior y considerando que la vida es muy corta ante una eternidad para pasarla mal y que, la humanidad ha venido construyendo conceptos fundamentales para su desarrollo individual y colectivo, tales como los valores desde la ética y la moral que les permiten moverse individual y colectivamente en convivencia pacífica y armónica, opte por hacer una precisión teórica conceptual estableciendo diferencias, aunque sutiles, existentes entre los principios, valores y virtudes, ya que frecuentemente son tratados como si fueran lo mismo, para que estos sean considerados como verdaderos PILARES HUMANOS, pues lo realmente urgente e importante es aprender a aplicarlos dentro del contexto de la vida diaria con el fin de crecer y desarrollarse adecuadamente para poderse desempeñar en el mundo con relativo éxito, sin tener que pisotear o dañar nada ni a nadie.

Me decidí en hacerlo una vez que hube terminado de escribir y publicar mi primer libro titulado "IDENTIDAD Y PERTENENCIA, un camino hacia la paz", el cual me sirvió de abrebocas y desnudo en mi la vena por el gusto de escribir sobre lo que pienso y lo que sé, con el ánimo de compartirlo con los demás y con la fe de que esto les resulte útil.

Las enseñanzas de mis padres a través de sus predicas y ejemplo me dieron la oportunidad de construir lo que soy hoy en día; ya que ellos a través de sus acciones, sabios consejos y reflexiones me abrieron los ojos y me brindaron las oportunidades que de manera positiva supe aprovechar, y particularmente las de mi madre, a quien desde temprana edad le escuchaba dichos y/o refranes, y que algunos de ellos deseo compartir con mis lectores en páginas siguientes, los cuales con el paso de los años fui entendiendo y asimilando hasta convertirlos en valor agregado para mi vida.

La experiencia laboral en el sector educativo de mi país Colombia contribuyó para la visión y la misión de lo que considero que todo Ser Humano necesita para realizarse individual y colectivamente.

Los principios, valores y virtudes siempre han sido una obsesión para la Humanidad y especialmente en estos momentos de descomposición social y posible degradación humana.

Al inicio no tenía clara la orientación y el rumbo que iba a tomar; sólo sabía que quería escribir sobre esto.

Fui madurando la idea hasta descubrir el hilo conductor y la columna vertebral del asunto.

Comprendí que al igual que todo, se necesita de una base sólida para construir con firmeza sobre ella.

Por esto he precisado teórica y conceptualmente cada aspecto tratado con el estilo de reflexión que me caracteriza como escritor, para que las personas individual y colectivamente se apropien de ellos y lo puedan poner en práctica durante el trascurso de sus vidas.

Si tomamos los principios, valores y virtudes, llamados por mi PILARES HUMANOS, como la base comportamental de los seres humanos con seguridad que la vida va a ser más grata, llevadera y los sueños serán factibles de alcanzar; de igual modo que la convivencia será armoniosa y pacífica.

Como se puede deducir y concluir, los Pilares Humanos en los actuales momentos de maduración de la Humanidad cobran vital importancia por su significación singular y plural en sus metas y expectativas frente a un deber ser.

Tanto los hombres como las mujeres deben tener un eje sobre el cual moverse para sobrevivir en el mundo, relacionarse, interactuar y concretar sus sueños.

Esos cimientos no podían ser otros que los Principios, Valores y Virtudes que he denominado como PILARES HUMANOS, toda vez que con la articulación correcta y el uso adecuado, en las condiciones necesarias y suficientes, se podrá obtener con certeza lo deseado.

Prólogo

El mundo contemporáneo se ha caracterizado por su vertiginoso ritmo, su insaciable velocidad ha hecho de nosotros, los ciudadanos del siglo XXI, unos sofisticados actores dentro del complejo espectro de la realidad circundante, en donde la tecnología, los medios de comunicación, las redes sociales y la influencia transnacional hacen parte de la cotidianidad; vivimos en un mundo categóricamente diferente al de nuestros padres y diametralmente distinto al de nuestros hijos, un mundo en donde las clásicas tradiciones han sido remplazadas por las nuevas necesidades de la modernidad, un mundo en el que la interacción humana ha sido remplazada por el impacto de las redes sociales, un entorno donde los padres no tienen contacto con sus hijos, en donde la comunicación en las relaciones de pareja dependen de un teléfono móvil o de mensajes electrónicos.

Los abruptos cambios dentro del dinamismo social han generado un nuevo orden sociocultural en el que hemos presenciado como la escala axiológica de valores ha venido desarrollando indescifrables formas distintas a los antiguos cánones tradicionales con los que se forjaron nuestras sociedades y como resultado hemos sido testigos de la patología de la escala de valores, la cual como una terrible enfermedad ha ido degenerando el tejido de los principios humanos hasta el critico punto de deshumanización de nuestros días en donde el valor de la vida humana ha sido desestimado hasta la más mínima expresión.

Nuestro país, testigo de la brutalidad desgarradora del narcoterrorismo y de la violencia ha padecido a través de las décadas una desoladora realidad en la que los principios morales, éticos, profesionales y personales han sido gravemente infectados por la ambición, la codicia del poder y la cultura del dinero fácil, una subcultura edificada sobre los antivalores propios de las organizaciones al margen de la ley, en donde los valores tradicionales han sido subrogados por la intolerancia y la violación de las garantías ajenas, esta situación que día a día nos acongoja pone de presente la necesidad imperativa de reflexionar y sobretodo de reaccionar sobre la realidad que nos circunda a fin de buscar elementos constructivos para afianzar los cimientos de nuestra sociedad.

La presente obra ostenta una especial trascendencia y su mensaje no puede ser más oportuno para estos difíciles momentos que afronta no solo nuestro país sino el mundo entero viciado por la mutación de valores y la sustitución de principios en donde se ha configurado un desalentador escenario para el futuro de las nuevas generaciones. Por ello, es gratificante hallar un texto que reivindique la reconstrucción de los principios como pilares de la vida humana, un libro donde el lector se planteará las más profundas reflexiones sobre el significado real de la vida en sociedad, sobre las condiciones necesarias para armonizar las relaciones con sus semejantes; el autor logra mediante esta obra convalidar unos conceptos que por desgracia han sido modificados por el ritmo de la modernidad, volver a hablar de valores y de principios en un mundo en donde se ignoran por completo es una tarea ardua, por ello la experiencia de Germán de J. Hermoso H. como escritor e investigador en la materia hace de este libro una pieza de altísimo valor.

Este libro se traduce en la extraordinaria labor de su autor de sugerir a través de un ameno dialogo toda una serie de reflexiones tendientes a consagrarnos como mejores padres, mejores hijos y sobre todo mejores ciudadanos.

Bogotá, febrero 2013
MARCO TULIO GUTIERREZ MORAD
Excongresista y Exmagistrado de Colombia

Bogotá, 13 de marzo de 2013

Señor
German de J. Hermoso
E   S   M

Apreciado German:

Ad portas de la firma de la paz con las FARC, se hace necesario entender que la paz no llegará sólo por medio del papel y las firmas, sino que se requiere de un cambio genuino por parte de cada uno de nosotros, como individuos, y por parte de nuestra sociedad – conformada por nosotros y determinada por nuestras decisiones y comportamientos. Así, su libro llega en buena hora para impulsarnos como individuos y sociedad, a repensar la manera en que estamos conduciendo nuestras vidas. Este libro aportará a la creación de una paz positiva en nuestro país, la paz que se construye, enseñando habilidades – quizá olvidadas – que nos permitirán entendernos como semejantes a pesar de nuestras diferencias. Lo cual redundará en el arraigo de una nueva cultura de paz en Colombia, que reemplace para siempre las estructuras y comportamientos violentos, que han sido interiorizados por los miembros de nuestra sociedad, en mayor o menor medida, como consecuencia del conflicto armado que nos ha azotado por más de 50 años.

Felicitaciones.

Ernesto Samper Pizano

Carta del dr. Ernesto Samper Pizano, ex presidente de la República de Colombia

Desde que el Hombre inició su desarrollo en lo imaginativo, dejó de ver las cosas en blanco y negro como los demás animales, para ponerles el color de sus emociones, sensaciones, sentimientos e inteligencia; al mismo tiempo que fue incrementando sus habilidades, destrezas y malicia de acuerdo con las circunstancias de su entorno.

Comenzó a actuar de manera más organizada y coherente en grupo, desarrollando unas lenguas que facilitaron su comprensión y comunicación; la parte afectiva se hizo más relevante, estrechando los vínculos entre los componentes del colectivo o grupo social.

A través de los tiempos se han construido paradigmas que han marcado época en la historia de la Humanidad y que últimamente han facilitado importantes avances científicos y tecnológicos, con un Humanismo moderno inscrito en las tendencias liberal y social.

Se fue acentuando la diferencia entre dominantes y dominados en aspectos de: autoridad y mando; educación; cultura; poder económico y material; poder político y religioso, entre otros.

En todo esto la filosofía ha cumplido un papel fundamental puesto que facilitó: la aparición de la ciencia, el conocimiento de la naturaleza y del Ser, así como fincó valores éticos y morales para la organización social de la especie humana.

El Hombre deja de ser una mera especie animal, que sin perder sus instintos primigenios, los va puliendo y acoplando a sus realidades individuales y colectivas, que con la interacción social, hace que los hombres y las mujeres sean realmente Humanos, y que se distingan de las demás especies.

Para ello, va fijando reglas de juego que garantizan su sobre vivencia y convivencia, desarrollándose ética, moral y culturalmente.

Van construyendo conceptos como: ciudad, ciudadanía, democracia, estado, nación, política, etcétera, que les permite conformar una organización social con reglas de juego claras y definidas para ordenar el comportamiento individual y colectivo.

Surgen valores culturales que distinguen y diferencian las distintas comunidades y grupos sociales, incluyendo aspectos ideológicos y religiosos que en algunas ocasiones han polarizado y generado conflictos, hasta llegar a la etapa actual de transculturización y globalización.

El Hombre como individuo y colectivo hace parte de la naturaleza y de un todo que se expresa con perfección y armonía, guardando equilibrio entre sus componentes; es creación en constante movimiento y transformación, obedeciendo a unas leyes o principios divinos eternos e inmutables que gobiernan el universo.

Aunque hace parte de lo mismo, estando contenido en el todo y el todo presente en él, todo uno solo, se dan diferencias singulares y plurales que lo caracterizan e identifican, marcando distinción con el resto.

Igualmente, la Humanidad como un todo contiene diferencias individuales que actúan e interactúan produciendo ciertos hechos que afectan a los implicados y/o sociedad.

Sin embargo, los principios divinos o leyes universales que son inmodificables hacen que se dé un determinado resultado. Por ejemplo: siempre que se junten dos moléculas de hidrógeno con una molécula de oxígeno se obtendrá agua.

Los valores culturales, éticos y morales combinados con los deseos y las potencialidades del Hombre arrojarán resultados diferentes, dependiendo de las proporciones y el número de ellos utilizados.

En particular, el Hombre es uno y todo conformado por sistemas: nervioso, respiratorio, óseo, circulatorio, digestivo, urinario, endocrino, emocional, cognitivo, entre otros.

El átomo como tal, también es un sistema integrado por: electrones, neutrones, positrones; etcétera. Así es todo de mayor a menor y de lo mínimo a lo máximo, lo que se ha dado a conocer como "Principio de Correspondencia" que dice que como es arriba es abajo y como es abajo es arriba.

Cada individuo en la sociedad va conformando: pareja, familia, vecindario, ciudad, país, región y continente. Se articula a través del idioma, la cultura, la economía, la religión, entre otros.

En fin, se puede afirmar que el centro del Humanismo es el Hombre mismo que debe ser considerado como un todo y uno en lo individual y en lo colectivo.

Por efectos de la supervivencia, los hombres y las mujeres se reproducen, se multiplican, se expanden, depredan y dominan. Tienen sus propias herramientas fisiológicas y psicológicas que coadyuvan a sus intereses.

Todos los Seres Humanos anhelan riqueza, poder, éxito y felicidad, que tratan de alcanzar a través de diferentes medios.

Si se lograra combinar apropiadamente tres elementos fundamentales, que tienen que ver con su naturaleza y su psicología, se podría tener una mayor aproximación a esos sueños y deseos en lo individual y en lo colectivo.

Los Principios, Valores y Virtudes combinados adecuadamente son los Pilares Humanos que permiten la construcción de un nuevo y adecuado tejido social, y desarrollo individual.

En la medida en que conozcamos perfectamente estos Pilares Humanos y construyamos a partir de ellos con el uso óptimo de los mismos, obtendremos excelencia y calidad total en todo lo que hagamos.

Obviamente que se requiere contar con los recursos necesarios y suficientes para alcanzar nuestros propósitos; al igual que, acrecentar la habilidad para reconocer y aprovechar las oportunidades.

A través de la educación se fortalecen los cimientos humanos de los Principios, Valores y Virtudes, para que los pueblos o naciones mejoren su calidad de vida; esto es, en el ámbito individual y colectivo, y para que también los imperios económicos optimicen sus ganancias y se interrelacionen e interactúen en la sociedad de manera más humanizada.

Principios

La creación que es un presente continuo en movimiento y permanente cambio, actúa con base en unas leyes universales o principios divinos inmutables, que se han ido conociendo por sus efectos y manifestaciones, ya que son el origen de lo existente.

Las actuaciones de los hombres y las mujeres en un grupo social, corresponden a un conjunto de leyes o normas reguladoras acordadas sobre su comportamiento a escala individual y colectiva.

Los Principios originan las realidades individuales y grupales naturales en las diferentes culturas y sociedades, a través de la historia de la Humanidad.

Se mencionarán aquellos Principios considerados como más relevantes en la búsqueda que tiene el Hombre para alcanzar riqueza, poder, éxito y felicidad, sin ningún orden especifico, siendo tratados en pareja por sus relaciones.

Integralidad – Unidad

Toda la creación es uno, o mejor, un macrosistema conformado por sistemas, subsistemas y microsistemas, o también, un gran sistema complejo compuesto de sistemas completos interrelacionados e interactuantes con funciones específicas que cumplir.

Esa Integralidad y unidad se manifiesta en la vida individual y colectiva de los Seres Humanos, sin que se esté consciente de ello, por lo que dicho desconocimiento lo lleva a proceder aisladamente, haciendo énfasis en algunos aspectos de manera desarticulada.

Todo en la creación esta interrelacionado e interactuante, y como dicen que, una hoja de un árbol no se mueve sin la voluntad de Dios, esto es cierto, puesto que si no se dan todas las condiciones necesarias y suficientes para producir un hecho, este jamás se efectuara por más esfuerzos y suplicas que se realicen.

Individualidad – parte

El uno es todo y el todo está compuesto por partes, así como también, la parte contiene el todo, y la parte y el todo son lo mismo.

Como decía el filósofo Platón cuando se refería al mundo real y al mundo de las ideas; en el mundo real todos participan de todo, como por ejemplo se participa de la belleza sin poseer toda la belleza en sí; en cambio en el mundo de las ideas se dan las cosas en absoluto, como por ejemplo la belleza como tal.

El Hombre en si es uno, pero singularizando o particularizando, cada individuo es diferente a todos los demás. Sus emociones, sus sentimientos, su psicología, su percepción del mundo, su fisonomía, entre otros, lo hacen un ser único e irrepetible.

Esas diferencias son las que toman un valor incalculable, ya que como los elementos raros y escasos de la naturaleza, sus cotizaciones y aprecios son altísimos.

El individuo hace parte de lo indivisible. Necesita conocerse y reconocerse a sí mismo con sus atributos y falencias, con el fin de fortalecer lo favorable, desechar lo que no le sirve y conseguir lo que le falte.

Cada persona debe convertir sus debilidades en fortalezas y sus fracasos en oportunidades y motores que lo acerquen al éxito.

Identidad – pertenencia

El Hombre ha dejado de Ser como persona. La transculturización y la educación, entre otros como la globalización, lo han llevado a perder su propia identidad y pertenencia como individuo y como colectivo; no se reconoce a sí mismo si no es en función de los demás.

Los paradigmas y conceptos cambian de época en época, de tiempo en tiempo. La belleza femenina antes estaba sustentada en las formas y grasas corporales dadas por la naturaleza, como medio erótico natural de atracción; ahora de manera ficticia en cero grasas y poca forma, lo que viene produciendo enfermedades como la anorexia y la bulimia.

Algunas modelos han considerado que para mejorar su figura deben extraerse una costilla porque supuestamente le sobra. Otros se han cambiado el color de su piel, despigmentándose, por no estar de acuerdo con el de su nacimiento.

Error grave, ya que la naturaleza en su perfección, armonía y sabiduría nos ha creado con el equipo necesario y suficiente para desempeñarnos con éxito en el ambiente donde estamos.

En su perfección, armonía y sabiduría, la especie Humana fue creada heterosexual, masculina y femenina, para garantizar su continuidad y supervivencia.

Los eunucos y/o homosexuales son fenómenos aislados que por aquello de la mal entendida libertad, en lugar de ser la excepción a la regla, se pretende ahora generalizar, perdiéndose las verdaderas dimensiones y proporciones del asunto excepcional.

El concepto de género es una invención artificiosa humana como nuevo paradigma que pretende en uso de una mal entendida libertad dar el mismo tratamiento a heterosexuales y homosexuales.

Todo habito y concepto equivocado del Hombre y su entorno lo conduce a su propia destrucción. Especie que se extingue, es especie que desaparece sin retorno.

Hay otros elementos que alejan al individuo de sí mismo; por ejemplo: su baja autoestima; su pobre auto concepto, y su mala auto imagen. La mayor parte de estos problemas tienen su origen en la falta de afecto, amor y comprensión.

En la medida en que el Hombre se reconozca como ser individual y colectivo, que se ame y ame a sus semejantes como así mismo, y que le otorgue el verdadero valor a las cosas y a la naturaleza, actuará con mayor acierto y equilibrio para el logro de sus propósitos particulares y sociales.

Dignidad – merecimiento

Todos los Seres Humanos nacen y mueren lo mismo; son hechos de lo mismo; son perfectos y armónicos como la creación misma.

En la antigüedad las elites dominantes eran las privilegiadas en educación, fortuna y poder. Con la invención de la democracia se pretendió equilibrar las cosas.

Durante el paso de los años se ha ido reconociendo el merecimiento de todos los Seres Humanos en igualdad de condiciones; así, aparecen los Derechos del Hombre y posteriormente los Derechos Humanos, siendo adoptados por la mayoría de las sociedades y/o naciones.

Con el desarrollo del Humanismo moderno se ha buscado dignificar a los individuos, bien que sea desde el punto de vista liberal o social, según corresponda a los idearios singulares o plurales como algo inmanente.

Voluntad – conciencia

Todo hombre, mujer, jovencito, jovencita, anciano, anciana, niño y niña tiene en mayor o menor grado desarrollada la facultad o el poder para hacer.

Igualmente, posee conocimientos que le permiten tomar decisiones en uno u otro sentido, o no tomar ninguna, según sea el caso de cada individuo.

Los Seres Humanos han desarrollado la capacidad y la habilidad para escoger y/o seleccionar, pudiendo decidir sobre si hacer o no hacer algo, como hacerlo, para que hacerlo, por que hacerlo, donde hacerlo, cuando hacerlo, etcétera, o simplemente no hacer nada.

La creación, la existencia, la vida es: verbo, es acción, es dinamismo, es vibración, es movimiento; por lo tanto, casi siempre será mejor hacer algo, así sea equivocado, a no hacer nada, lo que sería como estar muerto en vida o simplemente no existir.

Las conciencias: individual y colectiva; tal como aparece en el Capítulo I Titulo D del Libro Identidad y Pertenencia un camino hacia la paz, Autor Germán de J. Hermoso H.; les servirán de guía a las personas para decidir y actuar correctamente.

Amor – perdón

La creación es producto del amor divino, que es atracción, adhesión y cohesión.

Todo lo que existe obedece a este principio divino o ley universal. En la naturaleza se acompaña de otra Ley o principio como es el de generación, masculino y femenino.

El principio masculino y femenino se puede dar al mismo tiempo, como por ejemplo en las plantas hermafroditas. En otros casos se manifiesta separados como en los animales: macho y hembra.

En los Seres Humanos el amor se expresa a través de: éros, philia y ágape.

El erotismo hace que uno de los involucrados posea al otro que voluntariamente se deja poseer convirtiéndose en objeto de la relación.

La philia permite algún grado de posesión y de egoísmo entre los implicados, estableciéndose una relación de amistad y solidaridad afectuosa.

El ágape hace referencia al amor altruista; al amor desinteresado hacia los demás; al dar sin esperar nada a cambio.

La inclinación sexual se manifiesta en el amor erótico, donde uno es sujeto del deseo y el otro es el objeto de ese deseo.

En una relación de pareja que sea permanente, estos tres tipos de amor se hacen presentes; sin embargo, para que dicha relación perdure y sea gratificaste es necesario armonizarlos.

Así mismo, la conformación de una pareja estable debe obedecer a unos propósitos claros y definidos que tienen que ser acordados, aceptados y respetados de consuno.

Las libertades singulares estarán sujetas entonces a los acuerdos pactados entre las dos partes comprometidas para que con el paso de los años la relación amorosa no se deteriore, dejando como los mayores damnificados a los hijos, si los hubiere.

Muchas personas desarrollan rencores y odios que infundados o no, los afectan negativamente, colocándolos en el pasado, impidiéndoles vivir plenamente el presente.

Se afirma que el odio y el rencor son aquella copa de veneno que se toma el que los siente con la esperanza que se muera la persona a quien van dirigidos tales sentimientos, logrando que se malgaste el tiempo pensando en cosas malas en lugar de aprovecharlo en cosas buenas, mientras que la otra persona ni por enterada se da.

Quienes tienen este tipo de sentimientos que los llenan de tristeza, de amargura y de dolor, deben liberarse de ellos para lo cual requieren ejercitar el perdón.

Hay que recordar que siempre todo pasa porque todo cambia.

La carga energética negativa producida por ese odio y/o rencor se convierte en algo pesado y tortuoso que nos hace ver como enemigos de nosotros mismos y de los demás; por lo cual, es fundamental invertir su polaridad a través del perdón.

Si sentimos amor por nosotros mismos, que somos seres producidos por el amor, únicos e irrepetibles, podemos brindar eso tan maravilloso que tenemos a los otros, bien que sean familiares, amigos, extraños y enemigos, lo que nos permite subsanar cualquier aspecto negativo, transformándolo en positivo.

El perdón es una actitud personal de liberación de quien perdona.

Quien perdona no necesariamente se tiene que olvidar del daño causado y menos exponerse a que lo sigan haciendo.

Inteligencia – sabiduría

La mente es un poder que le permite al Hombre: crear, construir, transformar y hacer. Este es otro principio divino denominado mentalismo.

La verdad siempre está ahí presente, existe; a disposición del Hombre que es la misma verdad, para que la conozca, la reconozca, la comprenda y se apropie de ella.

Con la base de datos que van adquiriendo los Seres Humanos a través del conocimiento y del reconocimiento de esa verdad y/o realidad, se va construyendo y transformando la misma, previo proceso mental.

En el Libro "Identidad y Pertenencia, un camino hacia la paz", el Autor Germán de J. Hermoso H., escribe: "La inteligencia es la habilidad que tiene el Hombre para percibir, comprender, aprender y actuar, con base en la información que posee."[1]

La experiencia que van acumulando hombres y mujeres con el paso de los años, no puede ser usada solamente para mantener una tradición oral o para aconsejar a los más jóvenes, cuando se haya llegado a la vejez, puesto que muchas de esas experiencias al igual que los paradigmas de la época habrán perdido validez.

La prudencia combinada con el conocimiento y la experiencia usadas oportuna y adecuadamente, hacen a una persona sabia en su proceder y tal sabiduría es la fuente y/o llave de todas las riquezas.

Causa – efecto

La creación, la vida, Dios, el Verbo es un presente continuo dinámico en constante transformación y/o cambio; es movi-

---

1 Libro "Identidad y pertenencia, un camino hacia la paz". Autor: Germán de J. Hermoso H. Página 52. Ediciones Jurídicas Gustavo Ibáñez Ltda. Bogotá, Colombia 2002.

miento, acción pura y permanente; es materia, es energía, es espíritu, es uno, es parte, es todo.

El Hombre como sistema perfecto y armónico integrado por subsistemas y microsistemas, también es movimiento, acción pura y permanente; es materia, es energía, es vida.

Un hombre o una mujer que aparentemente no hace nada por él o ella misma ni por nadie, de todas maneras hace eso, nada.

El no hacer o hacer nada es una actitud negativa que produce resultados negativos.

Un campo sin arar ni desyerbar es un campo que se llena de maleza.

Los Seres Humanos deben tener propósitos claros y definidos; deben ser constantes tejedores de sueños; deben fijar un norte en sus vidas; deben tener un punto de llegada permanente a corto, mediano y largo plazo; deben identificar cuál es su misión o para que están en este mundo.

Siempre hay que hacer para tener; quien no hace no tiene y hasta pierde aquello que cree poseer.

El dolor, la tristeza, la depresión, entre otros, son manifestaciones de que algo malo pasa en nuestra psiquis y físico que no hacen parte de lo normal y/o estado permanente y natural del Ser; rompen el equilibrio y todo en la creación es equilibrio.

La creación es perfecta y armónica; esta en equilibrio. Cualquier desequilibrio conlleva cambios intempestivos y fortuitos.

Libertad – igualdad

Todos los Seres Humanos nacen y mueren independientemente de su condición: social, cultural, económica, religiosa, ideológica, étnica, etcétera.

A pesar de su mayor fortaleza como es la de accionar en grupo desde tiempos inmemoriales, siendo parte de su naturaleza, la especie humana ha sobrevivido buscando independencia individual y colectiva como un reconocimiento a su propio Ser.

Los hombres y las mujeres no solamente construyen en grupo sino también de manera singular.

Aunque pertenezcan los individuos a un determinado colectivo social, siempre buscarán marcar diferencia y obtener reconocimiento personal.

La Humanidad como obra de un creador dentro de un concepto monoteísta, denominado: Dios, Yahvé, Jehová, Alá, Todo, Uno, Brama, entre otros, es perfecta y armónica, a su imagen y semejanza.

Con el desarrollo de la imaginación y el libre albedrío, hombres y mujeres fueron progresivamente buscando independencia y estableciendo diferencias entre unos y otros, fijando valores éticos y morales; moviéndose constantemente en corrientes filosóficas y humanistas con tendencias individualistas y colectivas.

Se habla de autonomía o libertad tutelada o condicionada; de libertad total donde cada cual hace lo que quiere.

La Libertad no puede ser un fin en sí misma; si no que debe ser un medio para lograr algo.

La libertad de uno o una empieza donde termina la de otro u otra; la libertad de uno o una termina donde empieza la de otro u otra.

El humanismo moderno cuando habla de igualdad, mira el asunto desde el punto de vista liberal o social. En el liberal o individual se refiere más a la igualdad ante la ley, y en el social o colectivo ante los bienes materiales; pero realmente, esa igualdad se debe dar ante las oportunidades ofrecidas en cada sociedad o colectivo.

Polaridad – ritmo

Todo en la creación tiene dos polos opuestos que equilibrados producen armonía y perfección.

Como sabemos, desde el átomo surgen dos polos energéticos opuestos; uno positivo compuesto por positrones y otro negativo conformado por electrones, siendo controlados y regulados ambos por los neutrones que mantienen el equilibrio y/o la armonía.

La naturaleza contiene y mantiene ese equilibrio, esa perfección, esa armonía; se mueve entre lo positivo y lo negativo, siendo sus cambios y efectos la consecuencia de la manera cómo interactúan estos polos opuestos y el elemento regulador entre ellos.

El comportamiento de los Seres Humanos, como algo natural, también se mueve o desliza entre lo positivo y lo negativo, correspondiendo exactamente sus resultados a esas actitudes positivas o negativas.

Es decir que, si los hombres y las mujeres siembran peras, no pueden esperar obtener una cosecha de manzanas, porque todo lo que se siembra se cosecha.

Por lo tanto, los hombres y las mujeres en singular y plural deberán tener presente estos principios con el fin de no cometer equivocaciones sobre lo que desean y esperan obtener.

Como vemos, todo se mueve dentro de esa polaridad, de manera cíclica o como péndulo de reloj; a las personas esto las afecta y tiene que ver con los resultados que obtienen; por lo tanto, cuando se es consciente de esta ley, es posible invertir la polaridad cuando nos percatamos de que nuestra vida se encuentra envuelta en un caos o que los logros no son los deseados.

Los cambios de polaridad los conseguimos con una actitud mental positiva y unas acciones contundentes.

Oración de un vendedor

Oh creador de todas las cosas; ayúdame. Porque hoy me interno en el mundo desnudo y sólo, y sin tu mano que me guíe me extraviaré del camino que conduce al éxito y a la felicidad.

No pido ni oro ni ropa ni aún las oportunidades en consonancia con mi habilidad; en cambio guíame a fin de que adquiera habilidad para aprovechar mis oportunidades.

Tú les has enseñado al león y al águila cómo cazar y prosperar con sus dientes y sus garras. Enséñame a cazar con palabras y a prosperar con amor para que sea un león entre los hombres y un águila en el mercado.

Ayúdame a permanecer humilde en los obstáculos y fracasos; sin embargo, no ocultes de mi vista el premio que acompañará a la victoria.

Asígname tareas en cuyo desempeño otros hayan fracasado; sin embargo guíame a fin de que pueda arrancar las semillas del éxito de entre sus fracasos. Confróntame con temores que me templen el espíritu; sin embargo, concédeme el valor para reírme de mis dudas.

Dame un número suficiente de días para alcanzar mis metas; y sin embargo ayúdame para vivir hoy como si fuera mi último día.

Guíame en mis palabras a fin de que produzcan frutos. Sin embargo sella mis labios para que no diga chismes y nadie sea calumniado.

Disciplíname a fin de que adquiera el hábito de no cejar nunca; sin embargo señálame la forma de usar la ley de los promedios. Hazme alerta a fin de reconocer la oportunidad; y sin embargo otórgame paciencia que concentrará mis fuerzas.

Báñame en buenos hábitos a fin de que los malos se ahoguen; sin embargo concédeme compasión para las debilidades de los hombres. Déjame saber que todo pasará; sin embargo ayúdame a contar mis bendiciones de hoy.

Exponme ante el odio a fin de que no me sea extraño; sin embargo llena mi copa de amor a fin de que pueda convertir a los extraños en amigos.

Pero que todas estas cosas sean así si es tu voluntad. Soy tan sólo un pequeño y solitario grano de uva que se aferra a la viña; y sin embargo me has hecho distinto de todos los demás. En realidad debe existir un lugar especial para mí. Guíame, Ayúdame, Señálame el camino.

Déjame que llegue a ser todo lo que tienes planeado para mí cuando mi semilla fue plantada y seleccionada por ti para germinar en la viña del mundo.

Ayuda a este humilde vendedor.

Guíame, Dios.

OG MANDINO

Valores

Otro aspecto fundamental como Pilar Humano tiene que ver con los Valores sobre los cuales se mueven los Seres Humanos y se construyen las sociedades.

Según la importancia que cada individuo y cada grupo social le den a las cosas o asuntos de su interés, se fijarán las reglas de juego para su convivencia e interacción.

Con el trabajo filosófico se han ido identificando valores éticos y morales que singular y pluralmente cada sociedad va adoptando.

En este otro trascendental Pilar Humano, el tratamiento de los Valores se hará sin ningún orden o jerarquización especial y se mencionarán solamente algunos de ellos.

Equidad

Es un valor que surge como fruto de las desigualdades sociales.

En cada grupo o colectivo social se pretende subsanar estas desigualdades con base en logros y merecimientos.

Cada cual debe tener de acuerdo con lo que haga y merezca. Igualmente, en la distribución de la riqueza, la proporcionalidad de la repartición corresponderá a factores e indicadores previamente determinados por la misma sociedad.

En el humanismo liberal se predica la igualdad ante la ley y en el humanismo social se pretende la igualdad ante los bienes materiales.

Del mismo modo, en el humanismo liberal se trata de reducir al Estado a su mínima expresión para que los individuos desarrollen sus actividades libremente sostenidos por el juego de la oferta y la demanda o libre competencia. En el humanismo social el Estado no solamente es regulador sino interventor por lo cual dirige directamente la economía y la distribución de los bienes materiales.

La equidad se ha considerado como un valor intermedio indispensable para equilibrar estas dos tendencias del humanismo moderno.

Tolerancia

Reconociéndose las particularidades de cada individuo dentro de un colectivo, en cuanto a su comportamiento y manera de interpretar y desempeñarse en el mundo, el grupo social lo puede aceptar o rechazar.

Sí el individuo no afectó gravemente su comunidad y su entorno con sus decisiones, acciones y posiciones, es entonces tolerado y aceptado; el círculo social se abre. Sí ocurre el caso contrario, el círculo social se cierra.

El respeto y el reconocimiento a la diferencia no hacen a una persona mejor o peor; simplemente lo que sucede es que se está tolerando y aceptando la singularidad, sin que esto signifique hacer caso omiso de la afectación individual o colectiva de manera positiva o negativa por la interacción e interrelación de dicha persona.

Consistencia

Toda actividad humana requiere de cierto grado de consistencia para tener éxito.

Cuando se tienen sueños constantemente y propósitos claros y definidos permanentemente, es posible alcanzar lo deseado si actuamos en esa dirección.

Del mayor o menor esfuerzo que un individuo o un colectivo realice, dependerá el éxito o el fracaso que se obtenga.

Si hay coherencia y consistencia en las acciones realizadas por los Seres Humanos, la meta o finalidad esperada estará al alcance de quien la procura lograr.

Conocimiento

Cuando el átomo fue divido se encontró que la partícula operaba aleatoriamente y que contenía información y energía, dando origen a la física cuántica y al actual desarrollo científico y tecnológico.

Como se puede deducir, todo contiene información y energía; por lo tanto, los actuales avances y descubrimientos han tenido fundamento en el conocimiento de esa información y de esa energía.

A diferencia de las demás especies, los Seres Humanos han desarrollado su parte espiritual, lo que les ha permitido ir adquiriendo este conocimiento, usándolo para su propio beneficio.

La única forma de prosperar y progresar es a través del conocimiento.

Sin una buena, necesaria y suficiente base de datos o información no hay acción, y sin acción no hay desarrollo individual ni colectivo.

Hay potencia energética cuando actúan adecuadamente y conjuntamente los polos: positivo y negativo. Para tener éxito hay que combinar las fuerzas.

Cuando el conocimiento está orientado hacia un determinado propósito y se le coloca la acción requerida y suficiente en un cien por cien, se obtendrá el resultado deseado.

Paz

La lucha por la supervivencia hace que las especies estén en permanente conflicto o guerra, lo que significa que en principio las guerras son consideradas como naturales y necesarias.

La competencia que se establece en la naturaleza por la supervivencia, controla y equilibra las fuerzas creando ambientes armónicos y articulados.

Cuando el equilibrio se mantiene, se conserva el ecosistema.

Los Seres Humanos son la especie dominante y mayor depredadora conocida. Ha interferido con las fuerzas de la naturaleza, quebrantando su equilibrio.

Los instintos animales, pulsionales y pasionales de los hombres y mujeres combinados con sentimientos e imaginación negativos, a veces han convertido al hombre y a la mujer en su peor enemigo, produciéndose suicidios, asesinatos y masacres sin razones aparentes.

Con el reconocimiento y aplicación del principio divino del amor como algo inmanente de cada individuo y colectivo, la paz se manifiesta.

Resulta más importante y certero para llegar a la paz: disminuir los conflictos, atenuarlos, reducirlos a lo mínimo y atacar sus causas para llegar a la paz que es un efecto; que plantear la paz para luego buscar los caminos y mecanismos que conduzcan a ella.

La paz comienza y se construye empezando en y por cada persona.

La sana competencia y la convivencia respetuosa generan paz y desarrollo individual y social.

En singular o plural cuando los Seres Humanos se encuentran en un estado de paz pueden aprovechar ese tiempo para su propio beneficio y satisfacción.

Existe una relación estrecha entre el grado de paz que se disfruta y el nivel de logro alcanzado.

Éxito

Muchas son las concepciones individuales y colectivas con relación al valor denominado éxito.

Para algunos pueden ser: cada uno de los escalones en la escalera de la vida; para otros los logros alcanzados en determinados asuntos; también los reconocimientos sociales, etcétera.

Los logros, resultados y reconocimientos pueden ser catalogados como triunfos y/o victorias; lo contrario, como derrotas y/o fracasos.

Desgraciadamente, en una gran cantidad de culturas y países llamados subdesarrollados, los malos hábitos y las excusas son los soportes y alimentos de esos fracasos y derrotas.

En la vida todo es posible. Como dicen popularmente: que no hay cosas imposibles sino Hombres incapaces.

Toda la creación ha demostrado que el fracaso no existe ni natural ni normalmente.

Siempre que se cumpla con las condiciones necesarias y suficientes para obtener un resultado deseado, se estará actuando de conformidad con la naturaleza y/o la creación misma.

Felicidad

Toda la Humanidad de manera singular y plural busca la felicidad.

Nadie con exactitud ha podido definir que es la felicidad y en que consiste, ni como se llega a ella.

Lo que sí se sabe y se puede afirmar es que nadie nació para padecer, para sufrir, para vivir entristecido, para estar enfermo, para morir de dolor, entre otros males.

Si lo mencionado anteriormente no es normal ni tan natural, entonces: ¿por qué desear estar en esa situación haciendo de ello un mal hábito solamente para poderse quejar a toda hora e inspirar compasión y lástima?

¿Acaso no es mejor andar con la frente en alto, los ojos iluminados y con una sonrisa en los labios?

Los malos hábitos y costumbres han llevado a los individuos y grupos sociales a comportarse equivocadamente, generalizando hechos eventuales y convirtiendo lo anormal en normal.

Cuando los Seres Humanos se encuentran en una situación de paz interior, de tranquilidad, de realización individual y colectiva, de éxito, de armonía, dando y recibiendo amor, se puede decir que se encuentran en un estado de felicidad.

Responsabilidad

Con el desarrollo de la comunicación, la inteligencia, la afectividad y la imaginación, la Humanidad de manera individual y colectiva fue asumiendo roles con el fin de mejorar su calidad de vida.

A medida que se fue incrementando la división del trabajo y nuevas formas organizativas, se fueron adecuando los roles.

Cada hombre y mujer debe tener claro para qué sea bueno de acuerdo con sus capacidades y conocimientos.

Si se tiene definido con claridad lo que se quiere hacer y se sabe para qué se es bueno, entonces se puede asumir con certeza y seguridad cualquier reto o asunto que sea viable para el individuo o colectivo.

Compromiso

Todo Ser Humano tiende a hacerse promesas así mismo y a los demás, independientemente de que las cumpla o no.

Desde la aparición de la especie humana, los liderazgos siempre se han ido manifestando en los diferentes grupos sociales que se fueron conformando.

Muchas especies animales han subsistido por convivir en grupos o manadas bajo la dirección de un líder; ello les ha garantizado su supervivencia.

Con el desarrollo de la imaginación y la inteligencia, los hombres y las mujeres han venido constituyendo variadas formas organizacionales que les ha llevado a mejorar rápidamente en su calidad de vida.

Muchos de los liderazgos se ejercen a través de promesas, más en aquellos asuntos que tienen que ver con el manejo de la polis, donde los aspirantes colocan sus proyectos políticos a la consideración de la ciudadanía con el fin de conseguir su adhesión y/o aceptación.

Los compromisos se adquieren a escala individual o colectiva, con unos propósitos bien claros y definidos.

Lo que es realmente importante y que permite mejoramiento, no es la promesa en sí misma, sino el compromiso y su estricto cumplimiento.

Solidaridad

Las especies se integran y/o agrupan como un mecanismo de supervivencia. No solamente les permite mayor eficacia en la consecución de los alimentos, sino que también es todo un sistema de defensa.

A través del tiempo ha quedado demostrada la efectividad del trabajo en equipo; hecho que con el desarrollo de la inteligencia los Seres Humanos lo han sabido aprovechar de manera exitosa, lo que los ha conducido a un rápido progreso y a un mejoramiento constante en su calidad de vida.

Generalmente el trabajo en conjunto produce buenos resultados. Las cosas se tornan más fáciles si hay con quien compartirlas.

Tanto en el éxito como en el fracaso, siempre se va a requerir una voz de apoyo y/o aliento que anime a continuar mejorando o motive para superar la derrota.

Confianza

Con el desarrollo de la imaginación, la comunicación y los valores como reglas comportamentales de juego, la Humanidad comenzó a buscar explicaciones sobre lo que veía y sentía, sin encontrar razones lógicas aparentes para ello, lo que lo condujo a la invención de deidades y/o divinidades en un mundo mágico que de alguna manera le producía seguridad para moverse en el mismo.

Las creencias son válidas y existen mientras las personas crean en ellas.

Como quiera que tuviera poco conocimiento de sí mismo y de su entorno, el Hombre encontró confianza en algo fuera de él y que en buena medida satisfacía sus inquietudes frente a lo desconocido.

Con el acrecentamiento del conocimiento de la realidad, hombres y mujeres han ido tomando confianza en sí mismos y en todo cuanto les rodea.

Se puede afirmar que en el ámbito singular y plural los grados de confianza han aumento; es decir, que a mayor conocimiento de la realidad individual y colectiva, y del medio, mayores son la seguridad y la confianza de los hombres y las mujeres para desempeñarse en el mundo.

En sí, la confianza debe comenzar por cada cual, de tal manera que, con esta seguridad su aproximación a la realidad y su interrelación e interacción social sean más efectivas y placenteras.

Para lograr convencer a los demás es fundamental empezar por convencerse así mismo.

Transparencia

La realidad debe ser mirada con objetividad. Cualquier introducción de otro elemento artificial afectará negativamente el resultado deseado.

Hay que tener fe para obtener las cosas; pero la fe sin certeza pierde objetividad.

No se puede esperar alcanzar algo si no se tiene claro lo que se quiere y mucho menos si esto no existe.

Hay que tener pasión y convicción para pedir o procurar algo.

Si a escala individual y colectiva se sabe con absoluta claridad y certeza lo que se busca, se puede decir que el éxito prácticamente está asegurado, a menos que se presente algo: eventual; fortuito o inesperado que no estaba previsto; o que no se hizo uso adecuado, necesario o suficiente de los principios, valores y virtudes.

Para obtener lo deseado siempre habrá que tener claridad, certeza, convicción, precisión y objetividad.

Eficiencia

A través del desarrollo de la Humanidad, el Hombre ha venido afianzando cualidades y/o capacidades que le permiten crecer en competencias y alcanzar sus propósitos.

Estos talentos o aptitudes hacen que los hombres y las mujeres aprendan a disponer oportuna y adecuadamente de las personas, animales o cosas, para obtener el efecto requerido.

Lo fundamental es que no se puede perder de vista las metas u objetivos trazados y saber con certeza de lo que se dispone y se necesita para lograrlos.

De manera que no basta con que sepamos hacer uso adecuado y oportuno de acuerdo con nuestras capacidades de las personas, animales o cosas, si dejamos de lado la finalidad que perseguimos; por qué se puede ser muy eficiente pero poco efectivo.

Oportunidad

Cuando el Hombre aprendió a medir las cosas para conocerlas, dio un paso importantísimo en la historia de la Humanidad.

Con la abstracción conceptual de tiempo, espacio y lugar los Seres Humanos aprendieron a establecer propósitos en un término definido y en un lugar concreto.

Cuando se quiere lograr algo, además de que ese algo sea lo suficientemente claro y alcanzable, es primordial fijarle un tiempo, un espacio y un lugar para obtener el resultado propuesto.

Del mismo modo que se debe contar con los recursos, elementos y demás aspectos necesarios y suficientes para obtener lo deseado.

Refranes

Primero está el uno que el dos.

Primero Yo y después el resto.

Obras son amores y no buenas razones.

No hay día que no se llegue ni plazo que no se cumpla.

No hay enfermedad que dure cien años ni cuerpo que lo resista.

No dejes para mañana lo que puedas hacer hoy.

Al que madruga Dios le ayuda.

No hay cosas imposibles sino hombres incapaces.

A Dios rogando y con el mazo dando.

El que persevera alcanza.

La fe mueve montañas.

El amor rompe barreras.

El que busca encuentra.

El que quiere besar busca la boca.

Dime con quién andas y te diré quién eres.

El que anda entre la miel algo se le pega.

Al que le gustan las rosas no le teme a las espinas.

El que bien anda bien acaba.

El que siempre camina llega lejos.

El que da recibe.

El que siembra relámpagos cosecha tempestades.

Zapatero a tus zapatos.

Cada tiesto con su arepa y cada maleta con su cargador.

Cada cual con su pareja.

Dios los crea y ellos se juntan.

Lo que Dios da bendito esta.

Hay quienes no valoran lo que tienen hasta que lo pierden.

Soldado advertido no muere en batalla.

Hombre precavido vale por dos.

Cada quien es víctima de su propio invento.

A caballo regalado no se le mira colmillo.

La indiferencia mata.

No todo lo que brilla es oro.

Virtudes

Otro Pilar Humano no menos importante que los dos anteriores y que aunado a los mismos, permitirá alcanzar la riqueza, el poder, el éxito y la felicidad, corresponde a las Virtudes.

Desde los filósofos de la naturaleza se ha venido precisando este concepto y su aplicación en la vida diaria de cada individuo y grupo social.

Inicialmente la Virtud era considerada como propia de la clase dominante, que era la que tenía acceso exclusivo a la educación, al poder y a la riqueza.

Singularmente la Humanidad ha ido comprendiendo que sus fines y objetivos individuales y colectivos son más realizables en la medida en que se comprometa toda su fuerza o potencia energética en las acciones requeridas y adelantadas para alcanzar tales propósitos.

Como se manifestó en los Principios y Valores, se trataran algunas Virtudes sin ningún orden especifico, para que cada cual de acuerdo con su circunstancia real y particular haga uso de las mismas.

Paciencia

Al observarse la naturaleza nos podemos dar cuenta que todo tiene un proceso, en el que se cumplen una serie de pasos, etapas o fases, desde el inicio hasta la terminación de algo, con un determinado tiempo para cada uno de ellos. Así es todo en la creación.

La generación espontánea fue una visión filosófica muy breve que no correspondía a la verdad.

La semilla al ser sembrada cumple un proceso de germinación y desarrollo hasta alcanzar la planta el grado de maduración necesaria para producir los frutos.

Los Seres Humanos han adquirido este conocimiento de la naturaleza, asumiéndolo como una virtud o capacidad de aguantar, esperar o tener tranquilidad para alcanzar un propósito determinado.

Como se dice popularmente: ni una hoja de un árbol se mueve sin la voluntad divina; es decir, que sin que se cumplan estos pasos, fases o etapas, no se obtendrá lo deseado por más de que se realicen esfuerzos para ello.

Acción

Todo en la creación es dinámico, es movimiento, es vida, es vibración o acción. Nada está en total y absoluto reposo o quietud.

Ese movimiento permanente produce cambios, mutaciones y transmutaciones.

Si se quiere lograr algo es fundamental ponerle la acción necesaria y suficiente de manera continuada, para que así como una gota de agua cae débilmente sobre una roca hasta llegar a horadarla, así los hombres y las mujeres mediante su accionar constante, obtengan los resultados deseados.

Persistencia

Como ya vimos, las cosas solas no se hacen.

No se trata únicamente de desear algo, de soñar con algo, de planear algo, de ilusionarse con algo, entre otros; si se dejan las cosas hasta ahí, no va a suceder nada.

Hay que sentir y vivir la pasión por algo; hay que estar verdaderamente obsesionado por ese algo; hay que despertar, desayunar, almorzar, comer y dormir pensando en ese algo; hay que hacer todo lo necesario y suficiente para alcanzar ese algo, y hay que encariñarse con ese algo.

No hay que cejar nunca ni rendirse jamás; hay que tener ese deseo ardiente y vehemente; esa llama avivada para lograr el éxito.

No hay que perder de vista el premio que acompañara la victoria y recompensara el esfuerzo.

Como un leñador con su afilada hacha a través de golpes continuos y repetidos llega a derribar el más fuerte arbusto; así la tenacidad de los Seres Humanos cumple sus propósitos.

Respeto

Cuando se tiene conocimiento de las cosas o de algo o de alguien, es posible saber cómo tratar esto o aquello o a alguien con mayor acierto.

Se llega a precisar con más exactitud lo que se puede o no se puede hacer; de hasta donde se puede ir y que se puede esperar.

Se crea una sensación o sentimiento de condescendencia, de deferencia hacia algo o alguien.

Pero ese reconocimiento, esa deferencia debe empezar por uno mismo, por su propio ser, para ir ampliando esta visión paulatinamente hacia todo cuanto existe; es decir, de dentro hacia afuera.

La consideración y/o el respeto deben comenzar en uno mismo y por uno mismo, para después proyectarlo hacia lo demás.

Coherencia

En la creación todo esta articulado e interactuante. Por efectos del amor hay atracción o rechazo, adhesión y cohesión.

Los Seres Humanos se interrelacionan e interactúan. Tienen la capacidad para integrar y producir resultados.

Todos esos procesos que hombres y mujeres de manera individual y colectiva han ido construyendo a través de los tiempos, les ha permitido tener positivos avances y mejoramientos en su calidad de vida.

En la medida en que se logra articular y/o relacionar adecuadamente las cosas o asuntos que nos ocupan, los resultados obtenidos serán necesariamente favorables.

Perspicacia

Durante el desarrollo de la Humanidad se fue alcanzando agudeza, penetración, astucia y claridad mental.

Esa perspicacia ha llevado a hombres y mujeres a fijarse metas a corto, mediano y largo plazo, y obtener así los resultados deseados.

Cuando se sabe lo que se quiere con exactitud y se allanan los caminos que conducen a ese propósito, los resultados son óptimos.

Hay que desarrollar esa cualidad y mirar mucho más allá para superar con eficacia los obstáculos que se puedan presentar.

Por lo tanto, es indispensable profundizar en la finalidad que se tiene para no desviarse del camino o que el mismo quede trunco.

Justicia

Como quiera que todo es armónico y perfecto, el equilibrio que se manifiesta en lo que existe para que eso sea así, otorga la justa medida de las cosas.

Igualmente, la Humanidad ha desarrollado la virtud de la justicia que le confiere a cada cual lo que le corresponde verdaderamente.

Esa cualidad al tenerse siempre presente y aplicarla diariamente, evitará que sé sobredimensionen o subvaloren los asuntos que interesan.

En el Humanismo moderno se ha buscado, de acuerdo con una orientación liberal o social, hacer de la justicia como una parte importante de las sociedades, incorporándola en cada una de las Constituciones Políticas de los pueblos o naciones del mundo, lo mismo que a la libertad, la igualdad y la equidad.

Los anteriores conceptos cambian en su aplicación, precisamente debido a la tendencia ideológica individualista o liberal, y social o colectiva, propias de cada organización social.

TRASCENDENCIA

Los paradigmas de la época no pueden ser un pretexto para no mirar e ir más allá.

No se puede pasar por la vida sin que la vida pase por nosotros; no se puede pasar inadvertido como un NN.

No se está en este mundo por mera casualidad; la creación en sí es y tiene un propósito divino.

Cada cosa tiene su lugar y hay un lugar para cada cosa.

A escala individual y colectiva hay una misión que cumplir y un deber ser.

No se puede pasar por el mundo sin hacer; sin dejar huella. Hay que traspasar las aparentes barreras o límites.

Hay que ser hombres y mujeres extraordinarios, que son aquellas personas ordinarias que hacen un esfuerzo extra.

Cada día trae su afán y hay que vivirlo como si fuera el último, dejando todo previsto al finalizarlo, por si se da la oportunidad de otro nuevo día.

Hay que estar preparado para dar lo mejor, esperar lo mejor, recibir lo mejor y disfrutar lo mejor.

Prudencia

A través de los tiempos el Hombre fue desarrollando la capacidad de actuar con mesura, controlando sus impulsos y emociones.

En la medida que los Seres Humanos fueron acrecentando su parte espiritual, se fue alcanzando mayor control y dominio de sí mismo.

Con el desarrollo del intelecto, los hombres y las mujeres construyeron la cualidad de escoger a donde ir, que hacer y hasta donde llegar.

Se convirtieron en sus propios profetas, prediciendo el futuro, tomando todas las precauciones necesarias para asegurar el éxito; asumiendo riesgos y afrontando situaciones adversas.

Es de sabios aprender a tener cuidado con lo que se dice y lo que se hace. Obrar con sensatez evitará causar perjuicios individuales y colectivos.

Lealtad

En las especies animales se puede observar que existen vínculos que hacen que se presenten determinados comportamientos para conservar la unidad y supervivencia de grupo.

La naturaleza fija roles entre los miembros de una misma especie; como por ejemplo las abejas que tienen jerarquías y funciones especializadas, comenzando por la abeja reina encargada de poner los huevos, las abejas obreras que construyen el panal y alimentan a la abeja reina y a sus crías, los zánganos encargados de la fecundación, etcétera, cumpliéndose con exactitud cada una de estas tareas y responsabilidades.

El Hombre se ha ido apropiando de este conocimiento, aplicándolo en su vida diaria, lo cual le ha traído enormes beneficios.

Si los hombres y las mujeres actúan con absoluta rectitud y exactitud en los compromisos y responsabilidades que asumen consigo mismo y con los demás, hacen que en el ámbito singular y plural se genere un clima de credibilidad y confianza, necesarios para lograr cualquier propósito individual y colectivo, alcanzándose el objetivo propuesto.

Honestidad

Los Seres Humanos han ido desarrollando otra cualidad que tiene que ver con el decoro, el pudor, el recato y la decencia.

Este sentimiento convertido en actitud permanente hace de una persona en alguien confiable, creíble y respetable.

Con esa virtud no se atropellará a nadie ni a nada y se mantendrá siempre la consideración y la cortesía hacia los demás.

Se actuará entonces con sensatez, consideración, reconocimiento, solidaridad, colaboración, sinceridad y rectitud.

Bondad

La naturaleza enseña que la lucha por la supervivencia no es otra cosa que el interés por alcanzar un bienestar singular y plural.

Todas las acciones que adelantan los Seres Humanos están encaminadas a obtener un mejoramiento constante en su calidad de vida.

Si los hombres y las mujeres persiguen su beneficio individual y colectivo, esa cualidad los lleva a tener un mejor desenvolvimiento en un grupo social, irradiando bienestar en el mismo.

Nadie puede pasar por inadvertido que se requiere estar siempre en una búsqueda constante del beneficio individual y colectivo, ya que esto le permitirá elevar continuamente su calidad de vida.

Creatividad

Se dice que Dios es creador y que la creación es el efecto de la aplicación de las leyes y/o principios divinos, y que el Hombre es la imagen y semejanza de Dios.

De lo anterior se deduce entonces, que los Seres Humanos son creadores, como ha quedado ciertamente demostrado a través de la historia de la Humanidad.

Durante todo ese proceso de desarrollo y maduración del Hombre, a pesar de los diversos altibajos y estancamientos producidos por sus creencias y dogmas religiosos, esa capacidad creadora le ha permitido avances significativos en los campos del arte, la ciencia y la tecnología, y en el conocimiento de su propio Ser y del entorno que lo contiene.

Si en el ámbito individual y colectivo se logra aplicar de manera continuada esa capacidad creadora, muy seguramente que la riqueza, el poder, el éxito y la felicidad estarán al alcance de todos y todas de forma singular y plural.

Fortaleza

Todas las especies han desarrollado como mecanismo de defensa y supervivencia el temor que los hace alejarse del peligro o de cualquier posible situación de riesgo.

Cuando los Seres Humanos fueron adquiriendo conocimiento, control y dominio de su entorno, aprendieron a manejar ese temor sin llegar a pasar a situaciones de temeridad.

Por lo tanto, a nivel singular y plural los hombres y las mujeres deben aprender a medir y prever los posibles riesgos y peligros que se les pueden llegar a presentar al proponerse cumplir con un objetivo.

El reconocimiento del temor y su manejo se convierte en una virtud que indudablemente conducirá al Hombre de manera individual y colectiva al éxito.

Templanza

Durante todo el transcurrir del desarrollo Humano, la energía espiritual ha jugado un papel preponderante que distingue a los Seres Humanos de las demás especies.

La razón se ha convertido en la mayor reguladora y controladora de los apetitos desmedidos de los hombres y las mujeres.

Igualmente, se ha logrado someter a los sentimientos y emociones al control y regulación de la razón.

Cuando los hombres y las mujeres logran tener dominio a través de la razón de sus sentidos, sentimientos, emociones y apetitos, esa mesura convertida en actitud o fuerza causará efectos positivos en lo deseado o anhelado.

Puntualidad

Esta es una cualidad que debemos desarrollar los Seres Humanos ya que nos permite ser cumplidos en las diferentes actividades que realizamos y con las personas con quienes interactuamos.

Hay que crear el hábito a nivel individual y la costumbre a nivel colectivo de actuar con prontitud y diligencia.

Cuando se cumple con lo prometido y se responde con certeza, las metas y objetivos propuestos particular y pluralmente se hacen más realizables y alcanzables, produciendo crecimiento y desarrollo.

Apología

En la apología de Sócrates, Platón dijo:

"Toda mi ocupación es trabajar para persuadiros, jóvenes y viejos, que antes que el cultivo del cuerpo y de la riqueza, antes que de cualquier otro cuidado, es el del alma y su perfeccionamiento; porque no me canso de deciros que la virtud no viene de las riquezas sino, por el contrario, que las riquezas vienen de la virtud y que es de aquí de donde nacen todos los demás bienes públicos y particulares."

Epílogo

Como se puede concluir, los Pilares Humanos en los actuales momentos de maduración de la Humanidad cobran vital importancia por su significación singular y plural en sus metas y expectativas frente a un deber ser.

La combinación suficiente y necesaria de los Principios, Valores y Virtudes, así como el conocimiento y aplicación correcta de los mismos conducen a los hombres y a las mujeres de manera inequívoca al logro de sus sueños y a su completa realización personal y beneficio grupal.

Los Principios están más asimilados a las leyes universales que dan origen a las cosas y que son de índole natural.

Los Valores tienen que ver más con las construcciones humanas que regulan su comportamiento individual y colectivo.

Las Virtudes corresponden a las cualidades y/o capacidades singulares y plurales de los Seres Humanos y a esa fuerza y actividad que realizan para producir un hecho.

Si los hombres y las mujeres tienen siempre presente estos aspectos durante el transcurrir de sus vidas, obtendrán sin lugar a dudas: riqueza, poder, éxito y felicidad a escala individual y colectiva, que es lo que todos y todas desean.

Bibliografía

HERMOSO H. GERMÁN DE J.: IDENTIDAD Y PERTENENCIA, un camino hacia la paz – Editado por Ediciones Jurídicas Gustavo Ibáñez Ltda. – Bogotá D. E. 2002.

MENDEZ CONNY: Metafísica 4 en 1 – Colección Metafísica – Editado por Benes Lacónica C. A. – Mayo 1988.

Ministerio de Educación Nacional de Colombia – Documentos Lineamientos Curriculares – Educación Ética y Valores Humanos – Editorial Magisterio.

RISO WALTER: Ama y no sufras – Editado Grupo Editorial Norma.

RISO WALTER: Deshojando margaritas – Editado Grupo Editorial Norma.

GRASS PEDRALS JUAN: La educación de valores y virtudes en la escuela "Teoría y Práctica" – Editado Editorial Trillos – Segunda Edición – Enero 1997.

MORA G. GUILLERMO E.: Valores humanos y actitudes positivas – Editorial Mc GRAW-HILL –1995.

UNELL BARBARA C. y WYCKOFF TERRY L.: 20 VALORES que usted puede trasmitirles a sus hijos – Editorial Grupo Editorial Norma – 1987.

MANDINO OG: El vendedor más grande del mundo – Editado por Editorial Diana México.

Índice

Prefacio 7

Prólogo 11

Pilares humanos 17

Principios 25
    Integralidad – Unidad 27
    Individualidad – parte 28
    Identidad – pertenencia 29
    Dignidad – merecimiento 31
    Voluntad – conciencia 31
    Amor – perdón 32
    Inteligencia – sabiduría 34
    Causa – efecto 35
    Libertad – igualdad 37
    Polaridad – ritmo 38
    Oración de un vendedor 39

Valores 43
    Equidad 45
    Tolerancia 46

Consistencia	47
Conocimiento	47
Paz	48
Éxito	50
Felicidad	50
Responsabilidad	51
Compromiso	52
Solidaridad	53
Confianza	53
Transparencia	55
Eficiencia	55
Oportunidad	56
Refranes	56
Virtudes	**59**
Paciencia	62
Acción	62
Persistencia	63
Respeto	64
Coherencia	64
Perspicacia	65
Justicia	65
Trascendencia	66
Prudencia	67
Lealtad	68
Honestidad	69
Bondad	69
Creatividad	70
Fortaleza	70

Templanza	71
Puntualidad	71
Apología	72

Epílogo 73

Bibliografía 75

Editorial LibrosEnRed

LibrosEnRed es la Editorial Digital más completa en idioma español. Desde junio de 2000 trabajamos en la edición y venta de libros digitales e impresos bajo demanda.

Nuestra misión es facilitar a todos los autores la **edición** de sus obras y ofrecer a los lectores acceso rápido y económico a libros de todo tipo.

Editamos novelas, cuentos, poesías, tesis, investigaciones, manuales, monografías y toda variedad de contenidos. Brindamos la posibilidad de **comercializar** las obras desde Internet para millones de potenciales lectores. De este modo, intentamos fortalecer la difusión de los autores que escriben en español.

Nuestro sistema de atribución de regalías permite que los autores **obtengan una ganancia 300% o 400% mayor** a la que reciben en el circuito tradicional.

Ingrese a www.librosenred.com y conozca nuestro catálogo, compuesto por cientos de títulos clásicos y de autores contemporáneos.

www.ingramcontent.com/pod-product-compliance
Lightning Source LLC
Chambersburg PA
CBHW021146230426
43667CB00005B/276